MARCEL COUSSOT

L'HOMME DEVANT DIEU

ÉDITION
de
LA REVUE DES INDÉPENDANTS
Paris

IMPRIMERIE DE LA REVUE
5, Boulevard de Strasbourg, ARRAS (Pas-de-Calais)

1930

L'HOMME
DEVANT
DIEU

MARCEL COUSSOT

L'HOMME DEVANT DIEU

ÉDITION
de
LA REVUE DES INDÉPENDANTS
Paris

IMPRIMERIE DE LA REVUE
5, Boulevard de Strasbourg, ARRAS (Pas-de-Calais)

1930

Au LECTEUR

Si je n'avais la certitude que, malgré les apparences décourageantes de notre époque, les familles françaises conservent dans leur sein des esprits sérieux, s'intéressant aux œuvres généreuses, qu'ils jugent équitablement ; je considérerais comme téméraire de présenter devant un public irrespectueux, léger, gouailleur, des scènes pastorales présidées par une puissance immatérielle dont le caractère est trop souvent discrédité par les imaginations superstitieuses.

Une discussion théologique ne serait pas à sa place ici. Elle serait trop longue, et, chacun ayant le droit de placer librement son mot, elle m'entraînerait à une grande distance de mon sujet. **Il me suffit d'affirmer que je respecte largement toutes les croyances sincères et honnêtes.**

Le but de cette préface est d'éclairer le lecteur, de façon à ce qu'il soit préparé à bien saisir la physionomie de la Divinité qui ne cesse d'agir tout au long des poèmes qui suivent.

L'expérience démontre que rien n'existe sans force créatrice. La Métaphysique, science qui cherche vainement à découvrir les premiers principes et les premières causes de l'Univers, matériel et spirituel, ne peut résoudre la question de savoir quel agent, physique ou moral, crée et entretient les harmonies impressionnantes qui couvrent de beauté la Nature des choses et des êtres, pour enfanter l'Art enchanteur imposant sa morale pacifiante, aux individus comme aux masses, qui l'admirent ; quel agent prépare et détermine les événements qui réalisent les destinées, en faisant jouer, favorablement ou non, ce facteur inattendu que le profane appelle hasard.

Il nous faut donc recourir à la logique expérimentale.

Un orchestre d'instruments divers ne produit d'harmonie que conduit par un Chef. Dans l'histoire, nous voyons qu'autour d'un même berceau de civilisation, plusieurs peuples n'arrivent à apaiser les passions qui les opposent les uns aux autres, à supprimer les barrières formées par les accidents du sol, qui les séparent primitivement, que le jour où paraît au-dessus d'eux un pouvoir centralisateur, un gouvernement unique, qui leur impose une discipline sociale, faite de concessions mutuelles en faveur de l'entente générale autour d'un but commun à poursuivre ensemble.

Alors, comment ne pas attribuer à une même volonté, immense, la réalisation inimitable des scènes émouvantes qui nous soulèvent l'âme et qui portent la marque du même auteur; que nous les rencontrions dans la Nature des choses : paysages pittoresques ; ou dans la Nature des êtres : beauté, grâce, natives, physiques ou morales ; quelle que soit l'époque, ou le lieu ?

Ce qui charme ainsi les yeux ou le cœur est divin, de source mystérieuse.

Cette volonté, cette force impondérable, elle

porte un nom symbolique : **DIEU.** C'est elle qui engendre la Beauté, que nous admirons, que nos artistes étudient, dans les spectacles de la Nature, dans les dispositions esthétiques, physiques et morales des êtres animés.

Elle se manifeste dans tout. Peut-être trahit-elle sa vitalité, son action, d'une façon évidente, par les effets merveilleux dont, certainement, nous ignorerons toujours l'origine première véritable : étoiles, soleil, météores, électricité, magnétisme, système nerveux, instincts, conscience individuelle et collective ?

Tous ces effets agissent souverainement sur nous, soit pour occasionner notre activité, notre passivité, soit pour nous entraîner dans la pieuse élévation grâce à laquelle nous communions profondément avec nos semblables ou avec la Nature, pour vivre l'accord social, la contemplation méditative, l'amour.

Ils ont une grande influence sur la destinée de chaque individu, dont la carrière dépend de l'usage qu'il fait de son libre arbitre, pouvoir personnel que ses semblables ou les substances actives de la Nature possèdent également et peuvent lui opposer, provoquant le jeu dit du hasard favorable ou non à ses fins.

Sources des perfections, DIEU n'inspire que le bien, par ses œuvres grandioses, exemples mirifiques offrant à l'homme des impressions de force à régulariser sainement ses ardeurs et ses facultés, qui, déchaînées, produisent seules le mal.

Il appartient à chacun et à tous de l'écouter, dans son langage sublime s'exprimant par des signes ou par la conscience.

Si les libres arbitres ne fonctionnaient qu'avec le désir de respecter la nécessité d'une harmonie humaine, semblable à celle obtenue par la Divinité dans tout ce qu'elle peut atteindre, les destinées individuelles seraient meilleures, les êtres les mieux doués secourant les autres, pour réparer les iniquités que comporte la **Sélection Naturelle,** loi inexplicable autrement que par les différences apportées dans l'hérédité des familles par l'usage des volontés individuelles, qui développent ou laissent périr les aptitudes originelles de la race, à travers des générations successives.

Il est probable qu'au début du monde les hommes vivaient le communisme, vision dangereuse, utopique, aujourd'hui, puisque la **Sélection Naturelle,** qui n'opérait pas, lutte impérieusement pour défendre le retour du genre humain dans ce **Paradis** que tant d'inexpérimentés espèrent vainement !

Paris, le 5 janvier 1930

Marcel COUSSOT.

L'EXEMPLE DE LA NATURE

AUTOUR de la maison qu'élevaient cinq étages,
Un vaste parc ombreux, bruissant de ramages,
D'un mystère profond s'enveloppait le soir,
Lorsque mes yeux d'enfant y fouillaient, pleins d'espoir.

Quel monde vivait là, prodigieux, immense,
Sous des aspects divers, à si peu de distance ?
L'étage le plus haut, par les miens habité,
M'offrait heureusement l'observatoire aimé.

J'avais six ans à peine ! — ô mémoire émouvante ! —
Déjà je contemplais la Nature étonnante,
Où l'homme, petit nain, l'exemple peut trouver
D'une œuvre harmonieuse incitant à rêver.

Où trouver, plus que là, le mélange logique
Qu'y fait une main sûre, une âme poétique,
Du vilain et du beau, pour établir la paix
Dans un peuple bruyant de contrastes d'effets ?

Paris, le 29 Février 1928.

L'HARMONIE DE LA NATURE

L'amour mystérieux règne dans la Nature :
La contemplation des spectacles divins
Nous emplit tout le cœur d'une émotion pure,
Chasse de notre esprit les pensers qui sont vains.

Une douce harmonie enveloppe les choses
Pour accorder leurs tons, caractères divers,
Et fait l'âme chanter dans les êtres moroses
Qui doutent de la vie en craignant ses revers.

Quel symbole éloquent ! Quelle image sublime,
S'offre devant nos yeux, lorsque, profonds rêveurs,
Du haut de la montagne, — ô géant magnanime ! —
Nous admirons des bourgs les clochers protecteurs !

De la voûte du ciel des ondes invisibles
Epandent l'unité sur tous les éléments :
Les parfums généreux des campagnes paisibles
Enivrent de bonheur les sensibles amants.

Qu'il fait bon dans les bois, à cueillir des fleurettes,
Pour l'Idylle hasardeuse, avide du baiser !
Le mystère et l'amour, parmi ses amusettes,
Savent d'un feu serein la toujours embraser.

Paris, le 17 mai 1925.

HORIZON !

QUAND du Soleil brille l'Apothéose,
Illuminant toute l'Immensité
Des cieux d'azur, énorme porte close
Pour notre esprit, devant elle arrêté ;

Il semble qu'un vouloir alors s'impose,
Désir occulte, auguste majesté,
Dans l'Harmonie englobant toute chose,
Pour imprégner les cœurs d'humanité.

Horizon ! peintre ardent, maître de l'Art,
Dominant tout et conseillant le monde,
Qui voit flotter ton sublime étendard !

Que ton symbole éclaire les cerveaux,
Sur les besoins de l'unité profonde
Entre mortels : C'est elle qui prévaut.

Paris, le 18 mai 1928.

LE SECRET DU BONHEUR

LES SPECTACLES divins que la Nature en fête
Offre à l'œil averti du penseur, du poète,
Contiennent le secret du Bonheur Eternel :
L'ineffable Harmonie au doux Chantre Immortel.

Des couleurs et des bruits, des lignes, des lumières ;
Des ombres, du silence, et des plaintes dernières,
Pendant que, nouveau né, le Radieux Printemps
Apporte sa chaleur aux vieillards grelottants :

C'est la Vie Eternelle alimentant le monde,
Avec sa source d'or, mirifique, profonde ;
C'est la Douce Espérance inondant notre front
D'une joie indicible, à l'heure où nous souffrons.

Le Beau Commencement vient, avec ses promesses,
Consoler de la Fin le cœur plein de tristesses ;
S'accommoder de tout, puiser dans la douleur
Le Courage Constant : c'est Règle du Bonheur.

Paris, le 6 juillet 1925.

L'EXTASE

À L'HORIZON rougi descend un œil de feu :
C'est de Dieu le regard qui perce le ciel bleu
De ses derniers rayons ; et c'est l'Apothéose
Du jour qui disparaît dans son lit teint de rose.

Vers l'astre incandescent je me sens élevé ;
Parmi les blancs moutons au large défilé,
Dont la laine neigeuse, en pureté première,
Marbre l'azur clément de plaques de lumière.

Et, de mon piédestal au socle fait d'argent,
Je contemple sous moi le monde en mouvement ;
La Nature animée, où l'Immortelle Gloire
Du Puissant Créateur couvre l'onde de moire.

Que tout est bien petit, quand du sommet Divin
La hauteur dominante a mis le genre humain
Sous mes yeux éclairés ! Seuls, dans le sein des nues,
Viennent les monts en pente aux cimes inconnues ;

Et les arbres grimpés le long de leur versant ;
Et l'âme du rêveur sur leur faîte montant :
C'est par là que l'humain, s'exhalant au Suprême,
Echelonne ses vœux vers le Maître qu'il aime.

Verdun, 18 octobre 1915.

GAZOUILLIS

QUELS BRUITS dans la forêt viennent à nos oreilles
Harmonieusement porter un doux concert,
Dont l'ensemble divin, musique d'un expert,
Nous émeut, nous retient : — extases sans pareilles !

Quelles voix dans nos cœurs pénètrent si profond,
Troublent si fort notre âme aux heures indicibles
Où nous allons rêver en maints endroits paisibles,
Quand, perdu, notre esprit de chagrin se morfond ?

Les Anges du Seigneur, puissances éthérées,
Soufflent sur nous le vent de l'amour généreux ;
Font un beau gazouillis ; et, nous voulant heureux,
Nous inspirent l'espoir de belles destinées !

Paris, 10 octobre 1918.

ÉCOUTEZ

PENDANT que nous allons, sous l'auguste ramure,
Dieu met dans son printemps des parfums et des bruits :
Une onde de senteur, un étrange murmure,
Rendent exquis les soirs, merveilleuses les nuits.

Écoutez... c'est le vent, le souffle du zéphyre,
Portant sous la feuillée une haleine d'amour ;
Un doux susurrement sur nos têtes soupire,
Semblant venir d'un être à l'aurore du jour.

Écoutez... c'est la voix des anges qui nous gardent,
Annonçant, près de nous, la descente de Dieu;
Seront sanctifiés les êtres qui s'attardent
A l'autel érigé par lui-même en ce lieu.

Verdun, Avril 1916.

SYMPHONIE

LA VERDURE odorante étalait devant nous
Son tapis merveilleux semé de pâquerettes ;
Les arbres murmuraient un bruissement doux,
Echo léger divin de tant d'amours secrètes !

En nos cerveaux rêveurs, les oiseaux du feuillage
S'accouplaient tendrement, ivres de leurs baisers ;
Et nous aurions voulu revenir à cet âge
Où nos chastes esprits n'ont que de purs pensers.

Et puis, petite mie, auprès de vous j'ai vu
La Nature mystique exprimer l'Harmonie
Que je trouve en vos yeux, et dont je suis ému :
Votre âme avec les Cieux vibrait en symphonie.

Ah ! maintenant mon être, en vos longues absences,
Se bercera d'espoirs, vivant du souvenir,
Puisqu'au calme serein de vos courtes présences
Je puis de nos amours présager l'avenir.

Paris, 28 juin 1922.

L'ŒUVRE DIVINE

Viens donc, Manon, sous la charmille verte
Que les grands bois nous offrent dans leur sein :
Pénètrons-y, notre âme toute ouverte,
Et respirons l'encens, baume du saint.

L'air est serein, porte parmi les feuilles
Un long murmure, un susurrement doux,
Un frisson d'être ; et toi, tu te recueilles
Lorsque je rêve assis à tes genoux.

Sur le gazon les fleurs nous sont exquises :
Car à les voir nous nous sentons charmés ;
Et leurs parfums, qui s'exhalent, nous grisent,
Poussant l'ardeur de nos êtres aimés.

Dans les bosquets, célèbrant la Nature,
Œuvre de Dieu, sublime Créateur,
L'oiseau vivant égaye la ramure
De son babil, ou bien se fait chanteur.

Que les baisers sont suaves d'haleine,
En ce milieu plein de mysticité !
Dans ton regard je te lis, ô ma reine !
J'y vois briller ta juste volupté.

Secteur Postal 78, le 2 juin 1917.

SUR LA BARQUE LÉGÈRE

Sur la barque légère où nous voguions tous deux
L'obscurité tombait, voilant les flots houleux;
Et nous nous enlacions, ivres de nos tendresses,
Clandestins, échangeant d'innocentes caresses.

Nos regards vers les cieux contemplaient des fanaux
Qu'allumait Dieu pour nous dans ses phares lustraux;
Leur feu long et puissant descendait jusqu'à nous,
Perçant l'opaque nuit où rêver était doux.

Alentour les démons râlaient dans leur fureur,
Effrayés des reflets que la sainte lueur
Promenait devant nous ; et nous suivions la trace,
D'écueils tout épurée, en plongeant dans l'espace.

Notre proue à monter sur la vague d'argent,
Semblait prendre son vol vers le bleu firmament ;
Et nos yeux, qui brillaient dans les noires ténèbres,
Suivaient ce mouvement sur les ondes funèbres.

Verdun, 16 Septembre 1915.

CARNATION
DU
BEAU !

Sur ma table des fleurs, par votre main cueillies,
Exhalent de leurs corps un arome enivrant ;
Les brumes du matin les avaient tant bénies,
Que sont fraîches encor leurs corolles s'ouvrant.

Rose, reine des fleurs, ta tunique est jolie !
De la femme tu fais le plus chaste ornement ;
C'est toi que l'on envoie, — ô toi qui fut choisie ! —
Pour exprimer d'un cœur le suave tourment.

Ta gaîté vient sourire à la tristesse vaine
Alourdissant le front d'un pur poète en peine ;
Tu ranimes l'espoir en sa nuit de tombeau.

D'un souffle de soleil, d'un rayon de lumière,
Dieu te donne la vie à l'aurore première :
Astre ailé de couleurs, carnation du Beau !

Verdun, 25 Juin 1915.

DES FLEURS

Des fleurs sont sur ma table, et j'aspire leur âme
Qui s'exhale pour moi pleine d'encens exquis :
Elles courbent leur tige, où la main d'une femme
Posa ses jolis doigts aux doux cultes acquis.

Symboles éloquents dont Dieu fit une gamme !
Ils expriment l'amour du Beau, de l'Infini ;
D'un cœur à l'autre cœur, ils transportent la flamme
Qui s'allume toujours dans un être ravi.

Nombreux dans la corbeille où l'Art vous les fit mettre,
O femme délicate ! ils inspirent mon être :
Le poète à la fleur, à la Nature dit :

« Sainte Création, livre moi ton histoire !
« Entre l'homme et le Ciel, lumineuse de gloire,
« Tu portes la pensée : éclaire mon esprit ! »

Paris, 29 mars 1920.

LA CHANSON
DES
FLEURS

Son pied léger foulait
L'herbette encor mouillée
De brume distillée
Par l'aube qui fuyait.

Sa main, dextrement belle,
Cueillait et rassemblait
En un joli bouquet
Des fleurs fraîches comme elle.

Sa bouche de saphir
Mélodiait les stances
Des exquises romances
Où les cœurs vont s'unir.

Maintenant que ma rose
A fui vers les azurs,
— Souvenirs doux et purs ! —
Son âme se repose.

Et la mienne, en retour,
Monte toujours vers elle,
Sur la vague, sur l'aile
Qui transporte l'amour...

Dans le pré des fleurettes
Se courbent devant moi,
Et me comblent d'émoi,
Comme au temps des cueillettes...

Il semble qu'une voix
Caresse mes oreilles :
Les petites, vermeilles,
S'entr'ouvent plusieurs fois.

Alors, je crois entendre
Encor chanter ma mie,
— O rêve de ma vie ! —
Rosette au cœur si tendre...

Secteur Postal 78, le 17 Janvier 1918.

IDYLLE FLEURIE

Comme sont dans les près des fleurs, à peine écloses ;
Ou dans un beau jardin les boutons frais des roses ;
Côte à côte, enlacés, tel un joli bouquet,
Nous exhalions dans l'air notre parfum discret.

Et, poussés en avant par le tendre Zéphyre,
Par un souffle d'amour, — délicieux délire ! —
Pétales détachés d'un terrestre lien,
Une âme nous portait vers un ultime bien.

Quelles heures vécu ! que d'extases suprêmes !
Dans l'Auguste Nature où les divins baptêmes
Sont multiples toujours, nos cœurs battaient bien fort,
Troublés innocemment dans leur chaste transport.

Sur la margelle antique où vinrent tant de belles
S'accoupler tendrement, comme font les oiselles,
Lorsque Dieu les unit sous son vaste regard,
A causer, elle et moi, nous restions souvent tard.

L'Antre enfumée, 15 Décembre 1917.

LE SOUFFLE D'AMOUR

Ma Némosi, la campagne est en fête :
Terre et Soleil, dans un beau tête à tête,
Du renouveau s'offriront le baiser ;
Et tous les cœurs s'en laisseront griser.
Dans l'atmosphère un bruissement passe :
C'est de l'Amour le souffle qui délasse.

Devant l'Idylle au sourire d'argent,
Le Merveilleux, énigmatique agent,
Déroulera ses tableaux admirables :
Et nous verrons ses mythes adorables ;
Car l'Harmonie exhale ses couleurs :
— Souffle d'amour ! mélange de saveurs !

L'oiseau divin, l'hôte de la ramée,
Modulera sa cantate animée ;
Si, dans les bois, épaisses frondaisons,
Il peut nous voir traverser les gazons.
O Némosi ! sentez-vous dans votre âme
Courir l'amour, ce souffle, cette flamme ?

Oui, la Nature est riche de parfums,
Pures senteurs pénètrant les humains
Pour augmenter leur puissance de vie :
Venez, alors, pour les goûter, ma mie ;
Ce bel effort qui nous pousse en avant,
De l'Amour Dieu c'est le souffle émouvant.

Cléry-sur-Somme, 15 Mai 1918.

JEUNESSE

Nos pas s'étaient unis sur le même sentier,
Et nous allions ensemble, au soleil printanier,
Cueillir dans le jardin de magnifiques roses,
En prenant tous les deux de picturales poses...

De ta voix pleine d'onde au limpide courant,
Tu chantais au Seigneur le cantique décent ;
Sous les cieux azurés, où l'œil paternel brille
En faisceau de lumière, en astre qui scintille.

Et je t'accompagnais de mon timbre monté :
Son accord était juste à ta sonorité,
Ce duo nous charmait, tant, que les heures, brèves,
Se pressèrent d'aller à la fin de nos rêves !...

Quand nous nous arrêtions, un baiser tout calin
Sur notre front naïf — pur souffle du matin ! —
Par nos lèvres posé d'un geste réciproque,
D'un point d'orgue marquait l'instant de cette époque.

Des parfums généreux tonifiaient nos corps ;
Pendant que nos regards contemplaient des décors
Où la main du seigneur s'affirme dans les lignes,
Où l'amoureux perçoit de mystérieux signes.

Sous la même grandeur, dans le même désir,
Nous respirions ensemble où Dieu, pour nous bénir,
Envoyait sa rosée ou sa chaude lumière,
Recevant de nos cœurs une ardente prière.

O l'exquise pensée, ô le bel idéal,
Qui resserrait alors notre couple féal !...
Un semblable besoin de satisfaire l'âme
Nous poussait à mêler notre première flamme.

Car, à cet âge tendre, aucun trouble malsain
N'avait bouleversé les sens de notre humain :
La force de vertu les réprimait sans cesse,
Et Dieu les apaisait, chaque jour, à la Messe.

Verdun, Avril 1916.

LE PACTE

ALONZO d'Orcillan partait à la croisade,
Et sa mie aux doux yeux, dans le chemin fleuri
Qu'il franchissait d'un trait sur son coursier raidi,
Attendait sa venue auprès d'une cascade.

Son œil, à l'horizon, scrutait le sol lointain,
Y devinant déjà l'altière silhouette
Du jeune chevalier fendant l'air du matin...
Et bientôt l'amoureux paraît foulant l'herbette.

Un bond de son cheval... il étreint dans ses bras
Cette amante fidèle en qui coule son âme,
Dont le cœur bat de même et bientôt souffrira
Dans la douleur commune où montera leur flamme.

Sur son front ingénu, prolongeant un baiser,
Il dépose le sceau d'un pacte inoubliable ;
Et sa lèvre fiévreuse alors y vient creuser
Le stigmate profond d'un amour véritable.

Il dit : « Je vais du Christ délivrer le tombeau
« Et revenir sacré par la Bonté Divine.
« Je suis fier d'un voyage au mobile si beau !
« Quand passent des croisés toute foule s'incline.

« Regarde cet azur où Dieu paraît serein :
« Le soir, vers le couchant, notre étoile scintille ;
« Près d'elle nous irons, quittant le sol lointain,
« Nous retrouver toujours à la cime qui brille.

« Au matin, le Soleil lance des feux dorés
« Incendiant la nue, et, pour nous, il exprime
« En termes lumineux des espoirs assurés.
« Ah ! nous le comprendrons ce messager sublime !

« Par tous ses attributs, Dieu nous l'interprêtons :
« Ce sont les vrais autels d'où son âme s'exhale ;
« Sa voix pure, elle en sort. Lorsque nous l'écoutons,
« Il embaume nos cœurs d'une effluve lustrale ».

Et Dieu, pour l'approuver, de ses rayons ardents
Son visage frappa ; quand regardait la belle
Sa souriante joue aux traits purs et cléments,
De ses yeux éblouis de splendeur éternelle.

Et, terminant le pacte en un second baiser,
Alonzo s'éloigna sur la route fleurie,
Allègre et tout certain de ne pas oublier
L'âme qui l'attendait pour compléter sa vie.

Verdun, 31 Août 1915.

ESPOIR !

HEUREUX qui, dans sa nuit, voit briller une étoile,
Aux feux irradiés qui s'allongent sans fin
Dans l'obscur avenir, pour dissiper le voile
Par le doute étendu sur l'horizon serein !

Ses regards anxieux découvrent l'autre monde,
Tant la lumière va loin dans l'Eternité ;
Et son âme les suit dans la sphère profonde,
Pour absorber l'encens de l'Immortalité.

Verdun, Mai 1916.

SYLVIA

Tout près d'une fontaine, à l'aube, deux enfants
Venaient s'asseoir au pied d'un chêne de cent ans.
Un beau dais de feuillage abritait leurs fronts d'anges :
Ils semblaient échappés des mystiques phalanges.
Leur doux babil mêlait à celui des oiseaux
Son bruit mélodieux : sous les tendres rameaux,
C'était un gai concert, fête de la Nature ;
Et devant eux coulait, riante, une onde pure.

⚜

O printemps sans nuage, où le cœur ne sait pas
Combien l'on doit souffrir avant le noir trépas !

Ensemble ils grandissaient et jouaient sur la Terre,
Comme des oisillons sous l'aile de leur mère.
Les jours, baignés d'aurore, allaient menant bon train
Les deux êtres chéris se tenant par la main ;
Et Dieu, qui les veillait, savait mêler leur âme,
Dont ses vastes jardins chantaient l'épithalame.

Idylle parfumée, — innocente parure ! —
Où dans nous une voix, sans comprendre, murmure !
Ineffable moment qui ne peut s'oublier !
Pourquoi vivre si peu ? Pourquoi ne pas durer ?

A l'âge de raison, pour prendre une carrière,
Paul habita Paris ; mais la gente fermière,
Sylvia, dans les prés drus, resta près du troupeau
Qu'elle gardait le jour, non loin de ce berceau
Qu'on a vu Dieu lui faire en ses jeunes années :
Quand deux âmes, sans fin, y dormaient balancées
Par le premier Zéphyr qui souffle sur nos cœurs,
Lorsque tout nous ravit dans l'Univers en fleurs.

⚜

Tous les ans, Paul venait voir sa petite mie ;
Et tous deux dans les bois se confiaient leur vie.
Si bien que l'un, poète, apprenant à juger
A la ville les mœurs, pouvait recomposer
Près d'elle l'écoutant les portraits de ces hommes,
Pervers et débauchés, qui tous leurs biens consomment

Pour s'assouvir les sens, et dont l'âme sans cœur,
De bassesse avilie, est d'un aspect trompeur
Devant qui les entend sans assez les connaître :
Il sentait se cabrer en lui-même son être,
Exprimant à Sylvia l'aigreur d'un juste fiel
Dont il s'était chargé, quand un tableau réel
A son œil constamment montrait avec quel vice
Les hommes policés cultivent l'injustice.

⚜

De ses heures de rêve, aux champs, sous le ciel bleu,
Elle, exprimait le fruit, candide en son aveu :
L'Œuvre du Créateur inspirait ses prières,
Emplissant son esprit de sublimes lumières ;
Le calme et l'harmonie, apaisement du cœur,
La pénètraient alors du plus exquis bonheur.

Un rayon qui dorait sa tête séraphine
Faisait éclore un trait de la clarté divine
Sur elle, prosternée ; et son âme voyait
Le flambeau lumineux de l'espoir qui brillait.

Dans ce lieu magnifique, en cette ombre si douce,
Tous deux étaient assis sur l'herbe et sur la mousse ;
Et Paul, en cet asile où Dieu règne toujours,
Renouvelait son âme en vivant ses amours ;
Et Sylvia, l'angélique, écoutait ses récits,
Qui, dans sa conscience, en termes réfléchis,
Représentaient la vie, exécrable existence
Que mènent les humains dans leur sombre ignorance,
Dans ce que nous nommons matérialité :
Tourbillon ténèbreux ! ignoble volupté !

Echange fructueux qui combine les cœurs !
Force considérable où sont deux âmes sœurs,
Qui s'unissent si bien ! car c'est un seul pouvoir
Qui dirige l'amour et l'incite au devoir.

Avocat dans Paris, Paul revint au village
Demander aux parents sa belle en mariage.
Le père, intéressé, ne croyant qu'à l'argent,
Refusa cet hymen, malgré l'amour ardent
Qui pétillait au cœur des deux jeunes poètes,
Enfants de la Nature aux radieuses fêtes.
Dans son étude Paul avait mis ses deniers ;
Mais un rapport certain aux jeunes mariés
Aurait permis d'avoir, en premier, le bien-être,
La grande aisance enfin, la fortune, peut-être,

Avec le doux bonheur de se sentir aimé :
Vivre cet idéal si longtemps préparé !

⚜

Dans sa conception, aimant beaucoup sa fille,
Le père pensait bien que ce métal, qui brille
Aux yeux de tant de gens, devait de son bonheur
Assurer l'avenir : — ô sombre et triste erreur !
A cultiver la terre il avait sa fortune ;
Sans relâche au travail, d'une ardeur opportune,
Son esprit restait là, sur les terrains féconds
Dont ses aïeux, sans doute, avaient formé le fonds.
Qu'un homme du métier entre dans sa famille ;
Qu'un homme ayant des biens lui demande sa fille :
Il accepte, content, sans marchander ses soins ;
Que sa gentille enfant puisse doubler, au moins,

Ses champs et ses maisons par l'union propice ;
Que son désir profond par elle s'accomplisse !

Le coup fut trop cruel, et les deux amoureux
S'en allèrent pleurer dans les bois ténèbreux ;
Assis, comme autrefois, sous la grande charmille,
Quand il était enfant, elle petite fille.

Le père avait frappé à mort, du même coup,
Les deux êtres dans un : l'amour saint des époux.
O douloureux spectacle, où l'âme paternelle
Punit injustement la tendresse éternelle !

Chaque jour, au repas, Sylvia, qui s'efforçait
De convertir son père, en pleurs le suppliait ;

Mais l'homme, hagard et sourd, à la pauvre éplorée
Refusait durement d'accorder l'hyménée.

⚜

O vice ancré dans l'être où tu fausses le cœur,
Combien de maux tu fais, infâme corrupteur !

⚜

Elle insista si bien, qu'entrant dans la colère
Au point de s'aveugler, misérable, le père
Eleva sur l'enfant sa main, qui la frappa :
Son front d'albâtre pur à terre se brisa,
Plus pâle en la candeur où son âme sereine
Brillait et rayonnait : — ô grandeur souveraine ! —
Puis elle succomba, sous tant d'émotion,
Sur le plancher sinistre : — ô sombre vision !

⚜

Cœur de fer trop durci, ta passion ardente
Ne peut donc s'arracher ? Ame trop inclémente,
Dans ton obscurité tu résistes longtemps,
Et si longtemps, hélas ! que tu deviens méchant !

⚜

Le père, après ce coup, perdu dans le délire,
Restait penché près d'elle, en suspens, sans rien dire,
La mine contractée, empreinte de terreur ;
Et son geste, surpris, était geste d'horreur.
Il regardait ce corps étendu là... inerte...
Ce corps aimé, pourtant ; — ô tige sainte et verte,
Dont le bourgeon s'ouvrait pour montrer une fleur !
De son sein parfumé montait une senteur.
La pauvrette était morte, et le père était fou.
Un sinistre sourire... un regard un peu flou...

Puis il s'enfuit soudain en se tenant la tête.
Depuis, au fond des bois, vivant tel une bête,
On le rencontre errant, apeuré devant nous ;
Comme s'en va le cerf, comme fait le hibou,
Il part en nous voyant : — ô spectacle terrible,
Où l'homme, s'égarant, tombe en ce gouffre horrible !

Et là-bas, le berceau de l'enfance fleurit,
Comme il était jadis à leur premier souris ;
Quand, jeunes amoureux, ils faisaient la causette ;
Quand Paul était enfant, et Sylvia mignonnette.

Et, chaque soir, un homme en deuil y vient prier,
Sous cette arche divine, et se met à pleurer :
C'est Paul, — ô pauvre Paul !— qui, dans l'ombre sereine

Où l'âme de sa mie apparaît dans sa peine,

A genoux près du banc, veut encore un baiser.

Verdun, le 18 Juin 1915.

TABLE DES MATIÈRES

Dernières Editions de la " Revue des Indépendants "

Paul AGNEL :

La passion du jour .... 12 »

A l'ombre du clocher .... 10 »

Paul BAUDRY :

Fleurs de guerre (*poèmes*) .... 7 »

Raoul BEAUCHAMP :

L'Appel de la terre 6 50

Georges de BEAUNE :

La Chanson de l'Amour (*poèmes*) .... 4 »

René BELLANGER :

Le Retour au Village (*roman*). .... 5 »

La Vie Souveraine (*roman*) .... 5 »

Paul BERTRAND :

Douce France (*acte en vers*) .... 2 »

Henri BRONGNIART :

Les Travailleurs de la Nuit (*étude*) .... 4 »

Général BRUNEAU :

Le Christ à Verdun (*poème*)........................... 3 »

Louis BURDY :

Un jeune homme emballé (*théâtre*)........................... 6 »

E. CHAGNEAUX-SAINTIPOLY :

La Passion (*drame sacré*) 6 75

Marc CHESNEAU :

Les Ailes libres (*poèmes*) .... 12 »

André CORBIER :

Chez les Kouyous (*étude*) .... 3 »
L'Aube sur le Jardin (*poésies*) .... 3 »

Pierre COUTRAS :

Les Impressions d'un nouveau-né .... 3 »
Les Tribulations d'un Ecrivain 3 50
Les Impressions d'un Défunt. .... 3 »
Les Tribulations d'un Poilu 3 50
La Question des Loyers (*théâtre*) .... 3 »
Sceniophrès (*roman égyptien*) .... 6 »

Marcel COUSSOT .

L'Homme devant Dieu .... 9 »

Edmond DELTOUR :

Les Dames de mon rêve (*poèmes*) .... 5 »

René DERESNES :

Pour Lucette (*roman*) .... 12 »

Jehan d'ILLYS :

Le Frisson des palmes (*poèmes*) .... 5 »

Louis HABRAN :

La Politique du Congo Belge 7 50

Pierre de KADORÉ :

L'Ilot Paradis (*roman*) .... 5 »

Gustave KASS :

La Psychologie du Rêve (*étude*) .... 5 »
Le Maintien à la Terre (*étude*) .... 6 »
Monopoles et Industries d'Etat .... 6 »
La Dactylo s'émancipe 2 50
Silhouettes et caractères (*étude*) .... 6 »

Chukri KHODJA :

El Euldj, captif des Barbaresques (*roman*).......... 9 »

Marquis de LENTILLAC :

C'est la Vie ! C'est l'Amour ! .... 5 »

Alice LOBERT :

Loys (*théâtre*) .... 3 »
La Rose enchantée (*théâtre*) .... 3 »
Métamorphose (*théâtre*)............................ 12 »

Dr LOMIER :

Anatole France à Saint-Valéry-sur-Somme .... 5 »

Théo MARTIN :

Les Chants qui pleurent (*poésies*) .... 5 »
L'Aube grise (*poésies*) .... 10 «
Sur un vieux thème (*poésies*) .... 10 »
L'autre blessure (*théâtre*) .... 5 »

Jacques de MÉRINGO :

Ma femme au Niger (*roman*) .... 12 »

Robert MORCHE :

L'Amour par les « Annales » (*roman*) .... 10 »
De Paris à Jérusalem (*voyage*) .... 10 »
Les Extases (*poèmes en prose*) .... 4 »
L'Amour est-il coupable ? (*étude*) .... 4 »
Le Fléau de la dépopulation (*étude*) .... 4 »
Guide de l'Ecrivain (7e *édition*) .... 10 »

Jacques MURACCIOLE .

Dans l'âme neuve (*poèmes*)........................ 5 »

Gaston PICHOT :

A nos Morts glorieux (*poésies*) .... 3 »
La Sublime épopée (*poème*) .... 3 »

Emile POITEAU :

Dans la clarté des âmes 7 50
La Riposte (*théâtre*) .... 2 »
La Vision sublime 2 50

Léon QUÉNÉHEN .

Cris d'enthousiasme et de haine 4 50

Quinze auteurs Contemporains :

Anthologie (*textes et biographies*) .... 12 »

Marcel RAMEAU :

De la condition sociale des femmes .... 8 »
Communisme et Communalisme .... 10 »

Lackmé SIVA :

Le Printemps (*poème*) .... 3 »

Yvon de SAINT-GOURIC :

De la mentalité (*étude*) .... 5 »

Richard SAINT-LOTHAIN :

Chants de passion (*poèmes*) 3 50

Joseph SOULIÉ :

Le Prix d'une danse 7 50

Christiane de TRACY :

A côté du bonheur (*roman*) 6 50

Marquis et Marquise (*poèmes*) 6 50

Bruyères et genêts .... 6 »

Brume et Rayons bleus (*poèmes*) .... 6 »

Jean-Paul VAILLANT :

Confession d'un Poilu .... 2 »

Les Miracles .... 3 »

Le Livre pour la France 3 50

René VANLANDE :

Dans la désolation du Nord (*étude*) .... 4 »

Jeanne VIC :

Sylvio et le Mage Noir (*roman*) .... 6 »

Renée VIDAL :

Manée, fille douloureuse (*roman*) .... 12 »

I. N. S. A. P., 5, Boulevard de Strasbourg, ARRAS (France)

Il n'a été tiré que mille exemplaires de cet ouvrage
pour constituer toute la collection de la première édition.
Travail terminé le 22 Mai 1930
par la Nouvelle Société Anonyme du Pas-de-Calais
Imprimeurs-Editeurs
de la " Revue des Indépendants "
5, Boulevard de Strasbourg
ARRAS

www.ingramcontent.com/pod-product-compliance
Ingram Content Group UK Ltd.
Pitfield, Milton Keynes, MK11 3LW, UK
UKHW022126260726
13993UKWH00003B/1269